LA VIDA ABIERTA
1999-2015

Pepe Carretero

LA VIDA ABIERTA
1999-2015

BIBLIOTECA DE AUTORES MANCHEGOS
DIPUTACION DE CIUDAD REAL

Primera edición: 2026

© José Carretero López
© Diputación Provincial de Ciudad Real

Edita: Servicio de Cultura. Diputación Provincial
Biblioteca de Autores Manchegos
Plaza de la Constitución, 1
13001 Ciudad Real
Tel.: 926 29 25 75
Web: www.dipucr.es

Diseño gráfico de colección: Miguel López Vázquez/BAM
Imagen de portada: Pepe Carretero, *El encuentro en el bar Baticano*,
   técnica mixta/papel, 70x50 cm, 2004-2005 (fragmento).

Coordinación editorial: Jesús Reviejo
Colección Literaria *Ojo de Pez*, número 117

Impresión: Producciones MIC, S.L.
ISBN: 978-84-7789-429-2
Depósito Legal: CR-1133-2025

Impreso en España

A Jesús Villalba Bedoya (Villy),
por más de quince años.

El encuentro en el bar Baticano, técnica mixta/papel, 70x50 cm,
2004-2005.

PREÁMBULO

El vagón, óleo/lienzo, 195x131 cm, 2011.

"No olvides que el cuerpo tiene más memoria que el cerebro".

PHILIP ROTH A ISABEL CROIXET

I

JUSTO AHORA,

llego a la conclusión
de que la felicidad es ver caer

EL SOL

tiñendo a los edificios de amarillo...;
o ver correr a un niño,
que se escapa de espaldas a la vida.

ME ABOFETEA EL VIENTO

–que corto con la proa de la cara–
recordándome que aproveche esta bocanada de vida.

YA QUE ES SEGURO POLVO DE FUTURO CIERTO.

II

Me invitas a elegir una edad
                    y elijo mi adolescencia.

Un solo momento de mi vida
                    y escojo

aquella tarde de mayo azul claro

coronados con el baile de golondrinas,

de camino a la plaza.
                    (En busca de los míos,
                    todo resplandece).

De entre la gente veo llegar a mi madre que viene de
    misa

y al verme exclama: "¡muchacho… ¡cómo te brilla la
    cara!

            Con la piel cérea,

                cristalina,

            celebrando el devenir de los astros…

                deslumbrante

            impregnado de cremas y potingues.

III*

(Y cada) septiembre
              me siembra

me entierra
                        los pies
                              de remolinos.

Anuncia
        cambios
              en el tiempo.
                        UN VIAJE CUAJADO
                              de silencios
                                    alcruzarnos

por las aceras desconocidas caras
                              nubes
                        que cambian al momento

donde lo insólito es respirar con armonía
                                    caminar
                                          satisfecho

hacia la casa de bochornoso nicho
                                    en la búsqueda

del estrecho abrazo.

RECUERDOS QUE ME ENVEJECEN

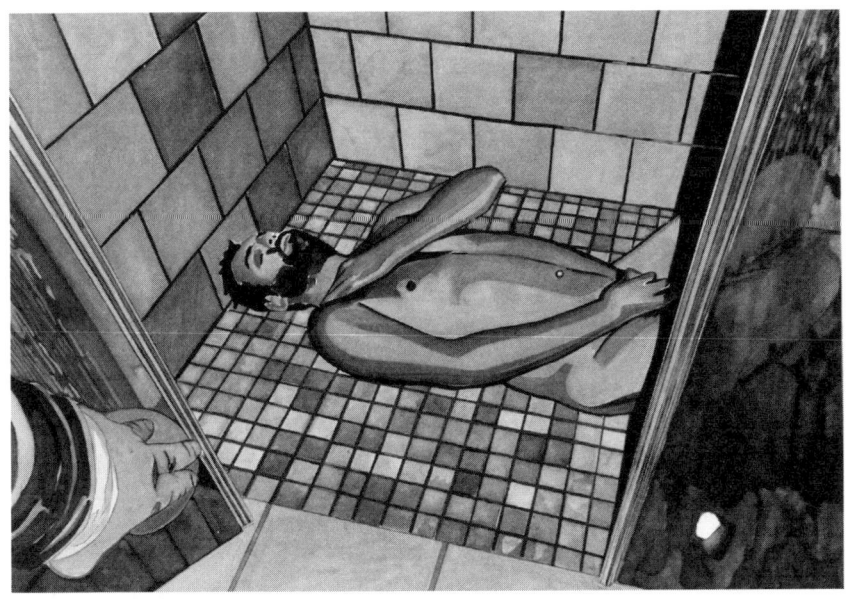

Personaje tendido, técnica mixta/papel, 70x50 cm, 2012.

"Cuando busques llenarte,
viértete por completo,
entrégate primero, sin reparos,
y llega hasta el final,
hasta que llegue el hambre a tus talones
y lo sientas royéndote los pasos".

Susana Palma Ruiz, *Piel adentro*

"Desde que nos echaron del paraíso
solo nos queda amamantarnos de esperanza".

(Debe quedar constancia de este fugaz secreto: por eso
he dejado nuestra historia escrita, y quien después de
muchos siglos la encuentre comprobara con asombro que
la herrumbre no la haya hecho desaparecer como a esos
monumentos erigidos en el desierto que –aunque de mármol,
brillantes y perlas– solo son habitados por ratas, alacranes
y un extenso olvido...).

I

TAN SOLO LOS ESCOGIDOS A ESTE ÁGAPE
sabemos del júbilo de cuando la vida se te regala abierta
y con ella, la llave de todos los secretos:

el del aire nítido donde el polvo incesante danza,
el de la respiración de piedras calladas llenas de energía
o el de los troncos portadores de increíbles historias...

La noche renueva el brillo de los astros
–salpicando de plata los bloques de pisos encendidos
donde sobrevivimos anónimos–;
respirando años que nos invitan a abrir
de par en par los brazos
y que en el salón se instale la intemperie.

¡Allí brincan remolinos, carruseles,
hojas secas de otro otoño
...cuando el beso invita a quedarse ciegos,
los ojos cosidos a guirnaldas de fiesta
y unidos por collares de perlas a carreteras
que a estas horas se quedan perdidas en la noche!

SE HACE NECESARIA ESTA LUZ
PARA CICATRIZAR CONTUSIONES

DILUIR TORMENTAS... SANAR MIRADAS
claridad para el descrédito, indulto para los condenados,
para que se cobijen los perdidos, los infelices, los
   corruptos...
los que duermen bajo tierra...

Porque si la vida se te presenta franca
el metro llega puntual y la gente te agradece
que hayas tenido la deferencia de haber tomado ese
  vagón
y te invitan a dulces... y a descorchar la vida en el
  presente...

MIENTRAS, voy pensándote, saboreándote en la frente...
viviéndote para degustar el gran baile de gala
donde celebrar el caldo de esas bocas de cueva que
  fermenta,
y primaveras tatuadas en la piel.

Así los objetos se rodean con claridad de un halo de
  calor,
tirita el cristal igual que se enfrían los abrazos,
por el primer contacto con el agua
para una piel exageradamente en calma.

II

LA VIDA TE ES LEAL
cuando te explicas el tiempo que viven los insectos,
la luz de las luciérnagas,
el polen,
la explosión de color y olor de una rosa exultante,
o ese segundo que por mágico se recuerda una
    eternidad...

Por qué tienes en tus manos pobres el manual de
    materiales
del que están hechas las plantas, el cielo,
la luz,
el núcleo de la tierra, el sol
o el de tus ojos de neón incandescente...

Sabes del miedo que encierran un manojo de cartas
    enmohecidas
o la mezcla de emisoras y voces lejanas de la radio.

El sabor de un abrazo que te sumerge temblando en
    la sábana
donde las bestias pueblan el núcleo de todos los
    volcanes...

III

¡LA VIDA TE ALUMBRA ENTONCES!

Que no hay temor ni frío.

La apuesta ha sido resucitar cuando yacías sin vida,
  rendido,
con un sinfín de errores entrelazados entre los dedos,
ya que al por mayor se camina por vías maltrechas,
¡hasta que corres hasta acunarte de nuevo en tus brazos
y el suave balanceo te devuelve al origen del mundo!

¡Cuando eres invitado a bañarte en la vida que
  empieza!

ASI ME HACES UN GIGANTE PARA UN FRONTÓN
  DE UN TEMPLO
bendiciendo los días sin el agobio de que transcurran
  vacuos.

(AL FINAL los escogidos sabemos que la oquedad
  termina,
entonces aprovechas para libar luz inclemente
sabiendo que al desaparecer ese brillo
se olvidará la profundidad de lago en tus ojos abiertos,
para dejarlos secos, sin patina,
a merced del viento,
en el vaivén del polvo hambriento,
dispuesto a enterrar los calendarios añejos,
las fotografías antiguas, las cartas sin remite...).

IV

SAL AHORA, danzaremos en torno a la mesa:
el pan de cada día nos de hoy, el gazpacho bien denso,
las frutas del verano.

AYÚDAME a que nada quede sin decir,
a masticar a sabiendas todo lo oculto,
ahora que desde el abismo
tu voz me raye como de celofán heridas.

Unidos en ese canto común,
veo el mar retratado en las losetas de mármol de una
   maternidad.

Llévame de tu mano hasta el mar irresoluto de tu
   espalda asilo.

Méceme en brazos inmerso en aromas de milagro,
el del mosto que fermenta,
el del aire fresco de un neonato,
en los colores de los nutrientes de tu piel.

Y no confundas que fuimos nosotros los que abonamos
   las sabanas
y no la noche, como creíamos. Fue el sudor profundo,
más hondo que la propio herencia,
que las líneas de las manos
...que los pasos andados y en olvido...

Y no la noche como creíamos...

Desde entonces el lecho está cosido con pétalos
   jóvenes
de las flores más perfumadas de este tiempo.

Y crece un manto de hierba alto y grande sobre tu
   mano abierta
dispuesta a estrecharme durante el rapto del sueño.

Y no la noche...

V

AHORA
cómo explicas que se me caigan de las manos los
  objetos
y que te agrandes tal que una metrópoli,
en estado de sitio permanente
y sin hostales donde repostar.

No nos queda otra
que pasearte para no perder la vida,
y saber de la calle que surca tu espalda prieta
y de los jardines que adornan la unión de tus piernas,
y de las constelaciones dibujadas en la piel...

Que en el mapa de tu cuerpo lo delimitan los ríos,
  los parques,
o los lugares donde se alzan los altares.

Tatuado en tu pecho no te preocupes cuando la
  noche caiga.

Es suficiente un beso
sobre la puerta de bronce de tu pecho abierto
para alertarte, y que se abra de par en par
permitiendo el acceso al aire del sueño
que te despereza a paso lento...
Como esas estatuas vivientes que se inyectan morfina
y se rodean de perros vagabundos
que suplican monedas igual que misericordia...

ALERTA

quedo asido a tu tronco de calas,
donde hay silencio que nos ausenta y envuelve.

VI

(Tú) me regalas este terciopelo de espalda que calienta
para que la noche sea cobijo y beso
como a esas piedras que dan suerte
o pies de estatua que se adora.
Descansa ahora de espaldas al mundo,
cuido y rezo por tu respiración ondulante,
dando gracias por sentir la vida en tanto y en tan poco.

EN ESTA TARDE DE AZUL INTENSO QUE SE ACABA.

Multipliquemos el vino de la boda.
Y en la boca los buenos deseos para el resto del mundo,
que hay que agradecer, dar gracias a cada paso de este
    trance
por la buena banda sonora que nos circunda y escolta.

Dispuestos a crecer, a crecernos, a creer..., a creernos.

Mientras esperamos llegar plenos al final de esta
    película
juguemos a entrelazarnos los dedos de las manos,
aprovechando que las luces se apagan para buscarnos
    la boca,
para después robarla y besarla en secreto.

HACIENDO DE ESTE ACTO UN NUEVO MANIFIESTO.
OTRA ORACION PARA REPETIR EN LOS LABIOS DE
    TODOS.

VII

" Llévame andando asido a tus manos anchas
a emigrar a otras casas y a otro sol
para que mengüen así nuestras carencias.
Que hay que reír mientras brilla la piel,
el tiempo a nuestro favor,
que no hay el mínimo vértigo al entrelazar las manos,
las lenguas aún más hondas.
Cuando recibimos por fin otra estación y otra despedida".

Pentecostés de nuevo se adelantó a su fecha
y gélido fue el viento que dibujó las margaritas mustias
(un paso atrás para revestir de otoño cada lienzo)
por qué es un melocotón tu cara que pincha,
tu sonrisa de clown sorteando dardos como besos
que masticas con los labios de grifa,
mientras regurgito todo el sur que portas a los míos
y vuelvo a ser aquel sin años
—más delgado—
rifándome en locales abarrotados de manos y humo
cortejándome, cuando atardece frente a la Torre de la Vela
o en las cúpulas de la ciudad eterna.

VIII

A Jesús Encinar.

EL ABANDONO

DESDE QUE TE HAS IDO
mi cuerpo echa en falta un saco de abrazos
y me he dispuesto –para no perder el tiempo–
buscar un sustituto que me haga creer que los
   abrazos son ciertos
y ni te imaginas el tiempo perdido escribiendo
   el mismo texto:
mi edad,
lo que mido,
lo que peso;
mis gustos en el lecho,
mis preferencias en el sexo:
"mándame foto y teléfono" –se garrapatea,
pues aquí tienes foto y teléfono,
¿y qué consigues? seguir malgastando el tiempo...

El suplente sustituye el gozo
pero no el instante de cerrar los ojos
abstrayéndote del mundo, de todos los sonidos
ni respirar siquiera...

Cuando el momento animal
ha terminado lo único que es distinto
es quedarse unidos por el sudor

Y QUE EL SILENCIO BORDE LOS CUERPOS EN
   REPOSO
para sentir mentira en el abrazo
la fiel costumbre de tenerte conmigo.

IX

Si vuelves, mataré el mejor de los corderos
y el vino teñirá de rojo nuestros dientes...

Te doy permiso a disfrutar de otros cuerpos y a que
   te abracen sudando
–no en la distancia como yo me imagino– ...eres
   libre de buscar un sustituto
porque quizás ya no vuelva y me cubra la arena
   del desierto abandonado.

Hasta en el peor de los casos puedo desaparecer...
Nuestros cuerpos tienen catorce años tatuados,
   muchos días con sus respectivas noches,
hemos conocido el amor y el deseo, lo mejor y lo peor
de nosotros con nombres y papel.

No somos anónimos. No somos extranjeros...

En cambio, TUS RELEVOS no tienen en su decálogo
   besar,
y estipulado en el contrato
quedarse rendidos
aprendiendo con el roce de la caricia
el comunicarse hablando ya en silencio.

Sin determinar un tiempo máximo,
vienen apresurados y con vergüenza
se visten rápido para luego irse
–saciado el apetito– sumando así otro cuerpo
   al haber contable...

(El vacío es un sentimiento animal
cuando se queda la nada sujeta entre las fauces)…

HASTA ESTOS DÍAS

Fiesta en Málaga, técnica mixta/papel, 100x70 cm, 2011.

"Incesante
sonríe el infinito,
melodías que modula el agua vertida en los jardines,
canciones bordadas en pentagramas invisibles
donde retozan regaladas criaturas
dispuestas a compartir el vino del domingo,
la danza de Isaías que multiplica tálamos como noches".

I

¡Cuánto tiempo perdido buscando destellos a la vida
que no para de engañarnos con efímeras circonitas,
–agua que se evapora entre los dedos–
para desaparecer llenando las alforjas de objetos
que más tarde se nos hacen invisibles (e inservibles)!

Deambulamos perdidos pidiendo un pan inmerecido,
sin hablar directamente a la mirada de los nuestros
palabras de emoción y de descanso.
Letras que nos recuerdan con júbilo que estamos
    viviendo intensamente,
que no somos invitados de piedra, meros oyentes
con la misión de bautizar enfáticos todo con un nombre.

¡Deteneos: descubramos el lado común que nos
    hermana:
nos une una fuerza que proviene del mismo núcleo de
    la tierra
que nos mima y resucita!

II

A María y Carmen López Moreno.

Hay que armarse de valor cada segundo y amar la vida.
Esa bolsa de imágenes que registra la mente con un
  pacto
el olor del pan recién hecho, una calle donde acaba de
  llover,
la sensación de meter los brazos bajo el agua,
surcar el cielo en una boda de pájaros que corta el
  firmamento
y que tras su paso borra tempestades.

El habernos dejado en manos extranjeras,
confinados y en cuarentena, sobre el asfalto
de ciudades sitiadas donde está prohibido bañarse
en tu sonrisa amplia y en vocablos leales que nos hacen
  más verdad...

Cuando la película marca el ecuador del viaje
y descansan las cartas boca arriba –con la suerte
  echada–,
la panorámica que me brinda esta aventura –a la mitad
  vivida–
es certificar que cuanto más alto se vuele
el cielo es sosegada calma –un mar durmiente y
  relativo,
desmedido–, donde el sol deslumbra y hace brillar
  sombras.

¡Con la luz de nuestra parte y un apetito feroz
arrebañemos los platos y apuremos las copas
celebrando otra fiesta continua sin motivos:

que quiero ser el último invitado
al que tengan que echar a la calle con cajas
    destempladas,
de los tálamos gastados donde no se han escatimado
noches ni paisajes, ni abrazos enumerados
como tela de araña escritos en la piel.

En esta tarde de azul intenso que se acaba
multipliquemos el vino de la boda
y en la boca los buenos deseos para el resto.
¡Que hay que agradecer, dar gracias a cada paso de
    este trance
por la buena banda sonora que nos circunda y custodia...!
Mientras llegamos al final de esta secuencia
juguemos a entrelazarnos los dedos
aprovechando que las luces se apagan,
busquemos la boca para robarla y besarla en secreto
haciendo de este acto un nuevo manifiesto-otra oración
    para repetir cansina en los labios de todas las
    puertas de los templos.

III

Dicen que se mata
que se olvida
con la rapidez que tañe una campana,
o se diluye una mancha de sangre
en un manto de armiño.

Dicen que es difícil masticar unos labios de algodón
  dulce,
encontrar una mano extraña en los sueños,
sobre la espalda en vigilia de noches eternas
que suman amantes entre maitines y laudes
en la hora prima, faro para los que se desorientan
por las calles de ciudades
donde se tambalean las urgencias
que portan coches chillando despertares...

Con el tiempo es inevitable perder brillo en la mirada.
Por eso encienden velas y ascienden
a los picos más altos con que coronan las montañas
allí, se desempolvan los libros con recetas mágicas
y se tapujan del frío con una espalda que es imposible
  de abarcarse...

¡Porque sepan los terroristas que un cuerpo es todo un
  mundo
y nada vale más que él,
que en seis meses desaparece a merced del polvo!

Testamento de un seguro olvido
para traerlo a tu memoria y revivirlo en segundos...

IV

Sé que os hablo desde un cuerpo que no es mío.

Expectante y tranquilo ante los faros que quedan
   abiertos en la noche,
donde se mitiga la sed de enlazarse en otro cuerpo
   ajeno.

Hasta ahora volver era un reencuentro con objetos
   más cerca de fundirse
y contornos que pierden su firmeza.

Por las estancias deambulan las sombras de pisadas
y dejan su huella invisible sobre el mármol,
o sobre una centenaria máquina de escribir,
dejando sombras alargadas y vacuos los espejos.

Volver es acartonarse junto a las cartas, las fotos
   otoñales
o las caricias escritas en legajos,
pintadas en paredes recién enjalbegadas.

¡Estoy aquí defendiéndome de la nostalgia a
   manotazos
intentando continuar sin respirar de oídas
tomando notas,
proponiéndome metas,
proyectándome en tus manos que prolongan el
   tiempo,
que no es más que morder con ansia el aire que
   vivimos

en ciudades donde dejamos monumentos y lugares
    sin visitar
con el pretexto de volver las veces que sean necesarias!

V

Son pocos los caminos transitados. EL TIEMPO ES
ESCASO.
Cruzamos, emigramos con el equipaje repleto de
intuiciones,
y migajas de una verdad revelada no más que a
retazos.

Nos conformamos con pasar por el túnel del trenillo
de feria
para conseguir robar un solo beso
amoldando nuestra imagen a los espejos que nos
miran sin rebelarse,
evitando decirnos cómo somos realmente sin
chantajes,
sin llenarnos los bolsillos de miserias
que exploten como manos que no arrullan.

Por eso limpiémoslas a la hora de compartir el pan
sobre la mesa,
el vino destilado de los párpados, telaraña vivida
de otoños
que nos aran de arrugas la frente y comen a
dentelladas energías.

Aquí bañados por el fango vamos a rezar para que
un dios nos proteja
y se haga la magia y nos quieran o nos admiren.

Venir a compartir las manos
de barro que nos une, la risa idéntica en todas
partes.

Un sudor de los cuerpos que nos unen en la espera,

trasparentes,

por el peso de las caricias y por el paso del tiempo.

DEDICATORIAS

La Bienvenida, técnica mixta/papel, 100x70 cm, 2012.

A QUENTIN EN BORDEAUX

Me haces huésped
y me paseas por tus casas abiertas de tu vida,
y echo en falta los muebles, las pinturas,
las mesas repletas de comida, los árboles de navidad,
los regalos, las chimeneas y las estufas encendidas,
el pan recién hecho sobre la mesa blanca...

Falta hasta amantes que murieron,
esa paleta de carne sobria que completaba tu cara
cuando los paisajes se pintaban en colores básicos,
y os adornabais con simultáneos sombreros

Hablamos de otro tiempo cuando la vida
se construía alrededor
y te daban por mérito el papel principal.

A MARIVÍ

Yo que te he retorcido los dedos

que he querido pisar donde descansa tu sombra

me declaro culpable

y sin hora ya

de recuperar el suspenso.

CRÓNICA DE UNA DESPEDIDA
Marzo 2019*

A mi padre.

"Y las cosas se terminan. Se tienen que terminar".

ANTONIO LÓPEZ GARCÍA

(Quiero imaginarme que me escuchas).
Que te alegras oírme por haber llegado de tan
lejos para estar contigo.
Sospecho que estos sonidos rudos, guturales, son ahora
tu forma de saludo.
y que quieres comunicarme algo: quizás no te
agrade que te acaricie el pelo
ni que intente calentarte las manos hinchadas...
No quiero pensar que te inunda el dolor y que te
molestan los cables adheridos.
te mueves como un neonato... te cuesta respirar...
la boca abierta,
y alzas la mano para estrechar objetos invisibles,
vislumbras en sueños toros negros dispuestos a
embestirte.

Pero no temas estoy aquí... estamos rodeándote,
velándote
en la lóbrega noche que se hace escasa te observo
Y rozo suavemente con los dedos acariciándote el
rostro
¿Esta fallando la bomba de perfusión, o eres tu
quien me avisas?.

Respiras entrecortado hacía un mal calmo y sin
horizonte:

me dicen que avise a la familia, que van a abrir las
  puertas.
Sigues respirando: me hago a la idea que es una
  falsa alarma y quedo tranquilo
(será otra crisis de la que saldrás adelante como en
  otras ocasiones).

…y te acaricio los hombros calientes como ascuas
y te estrecho las manos frías como témpanos…

En este momento no creo en más dios que la morfina
  allanándote el camino.
Debajo de los parpados se han hundido los ojos,
la mirada es una cueva ciega, nada que se sorprenda
  ante el día que empieza
y agradezca la luz, ¡como irrumpen los colores tan
  claros, trasparentes…

Respiras más hondo si cabe. Una enfermera dice: ¡ya!
Y se hace el silencio, las pantallas se quedan grises,
  paralizadas…
Toda mi preocupación es que cuando lleguen te
  sientan aún
con la temperatura que nos ofrece la vida: les pido
  que no te despojen de nada,

y te vas transfigurando en un color rosáceo en un
  amarillo manchado en tierras
a una velocidad inadmisible que se acelera al
  mismo tiempo que te enfrías.

Apagadas las maquinas
solos de nuevo,
al oído,

muy bajito… susurrando…
el silencio del día ya despereza y ha puesto a
   todos en marcha:
te invito a que te marches tranquilo y te susurro sin
   saber si lo escuchas:

"Padre nuestro que estás en los cielos…"
(y los tractores hunden los arados en esta tierra
   seca como el vidrio de tus ojos ahora)
"que estas en los cielos… santificado sea tu nombre
   y hágase la voluntad"
(y la voluntad se hizo y ya debes vivir esa fiesta en
   la cual creías y te sentías invitado).
"Así en la tierra como en el cielo… Danos hoy
   nuestro pan de cada día",
…el pan que no falte de las mesas como el que se
   venderá ahora recién hecho,
el que tú hacías amasándolo con tus manos jóvenes,
que no falte un beso reiniciándonos, abrazos de
   madre que nos cobijen en la noche
y nos estrechen en paz.

"Perdona nuestras ofensas, así como perdonamos
   a los que nos ofenden
No nos dejes caer en la tentación y líbranos del
   mal…".
Ahora recuerdo como categórico y contundente
   dijiste: ¡qué rápido ha pasado todo!…
Para que ahora el fuego reduzca ese ochenta por
   ciento de líquidos
a una bolsa de cenizas que no dicen de ti, perdidas
   tus facciones, tus manos anchas…

Tu cuerpo hermoso… ahora a merced de un huracán
   escrito en la nada

que te golpea la cara, con pobres palabras, que
   contabilizan recuerdos
bordado tu nombre,
en una dulce canción que asciende y asciende
como un globo huido de las manos de un niño.

CIUDADES QUE SELLAN
SU AROMA EN LA ESPALDA

Paisaje de San Martín de Ampurias, óleo/lienzo, 100x40 cm, 2006.

"Desechad tristezas y melancolías. La vida es amable, tiene pocos días y tan sólo ahora la hemos de gozar".

FEDERICO GARCÍA LORCA

EL LISTÍN DE TELÉFONOS COMPRADO EN ROMA EN 1989*

La mitad de estos teléfonos no sirven:

ni las direcciones. Hay cambios de domicilio, divorcios

y hasta hay cruces que tachan los nombres de los muertos.

Le quedan pocas hojas a este listín de teléfono,

sé que cuando acabe se apagará mi vida.

ROMA 1991*

Estrenábamos primavera y madrugada...
Filippo del Drago –uno de los más cotizados condes
    italianos–,
heredero de unos ojos claros con los que se dejaba
    perseguir
por las modelos inalcanzables en belleza y estatura de
    Valentino y Armani,
presumía y ejercía del mejor anfitrión
(más tarde me enteré que hasta estaba bien dotado),

CONDUCÍA
parsimonioso
su mercedes azul cobalto –último modelo–
por la isla Tiberina –frente al castillo de Sant'Angelo–
por la Fontana de Trevi... hasta el fontanone de camino
    al parque Garibaldi
(arriba del popular Trastevere)...

CADENTE
escuchábamos a Pavarotti cantar "ti voglio bene assai",
rompiendo el silencio y poniendo una banda
    musical a la noche,
absortos ante la monumentalidad de la ciudad silente
que nos regalaba la brisa del río bajando los cristales.

ME HUBIERA GUSTADO CONGELAR ESE MOMENTO
y vender el alma al diablo o al mejor postor
para ser ese que era,
melancólico, enamoradizo, lejano al mal y
    eternamente joven.

TOMELLOSO-CINCO CASAS

A mi abuelo José.

(Era verano y yo era muy niño).

Mi abuelo José,

jornalero,

de luto siempre

enjuto

erguido

y justo,

me llevaba cogido de su vigorosa mano por el paseo
donde antes ponían los caballitos, la noria, los puestos
    de turrón, el baile...:
la antigua feria...
Hasta allí llegamos a la estación de tren
–que entonces estaba en los arrabales del pueblo,
con el agobio del calor que solo gastamos en La
    Mancha–;
sacó los billetes en la taquilla bajo un reloj que,
    entonces y ahora,
recuerdo gigantesco.

Ya en el andén nos sentamos bajo un calor angustioso:
desde la dársena el horizonte castigado por el
    inclemente sol
hacia moverse olas turbias, transparentes,

difuminando el firmamento infinito coreado por
chicharras.

No tardó en aparecer un monstruo silbando entre las
vides,
¡el ruido ensordecedor se hizo más presente!
(el suelo era un terremoto) multiplicándose
hasta aparecer en su totalidad como una máquina
negra de dos pisos
que no paraba de resoplar rodeada de vahos que se
diluían con el bochorno.

Fue tal la impresión que hasta ahora mismo revivo el
mismo miedo
de cuando vi aquellas ruedas pintadas de rojo,
inabarcables,
el mismo temor ante mí, empequeñecido, absorto ante
su infinita sombra...

Ya dentro buscamos nuestros asientos con el baqueteo
de un vagón que se movía a sus compas.
Tuvimos que cruzar con pavor de vagón a vagón
—cuando mis piernas no daban para el salto
calzado con unas zapatillas de tirantes blancos—;
mi temor era caerme entre los cables y ser arrastrado
por las traviesas de las vías,
que desaparecían repitiéndose en el trayecto
difuminadas por la polvareda...

Ya en nuestro sitio me quede abstraído ante el paisaje
que pasaba rápido
como una película donde las líneas de las viñas se
multiplican
hasta el fin eterno.

Salpicados de casas blancas hasta el verde del monte
  bajo
que a veces se rompe por el tizne de como surcan los
  pájaros... las palomas...,
que no paran de acompañarnos saludándonos en el
  viaje
tiznando con su vuelo surcos y rayas
como el humo de los aviones que evapora el
  firmamento.

Al fondo el paisaje se multiplica en verdes por los
  montes argenta
y son otros los pájaros que nos regalaba la vida sin
  dolor,
de cuando congelarías este instante donde fuera la
  vida transcurre plena
y con la perspectiva tan ancha como este paisaje
  inabarcable.

(En la finca "Las Moyas" de la que era mi abuelo
  capataz
nos sirvieron agua fresca del pozo y volvimos rápidos
  al pueblo
que había que llegar para el almuerzo

con el mismo temor surcando los caminos).

EL TEATRO / CINE CERVANTES

A qué vienen a inundarme los recuerdos de otro aroma
  más fresco
que emergía al patio de butacas tras alzarse el primer
 telón de terciopelo rojo
para dejar otro pintado a mano con una imagen de
  don Quijote y Sancho
entre molinos de viento,
que deja ver los pies de los actores que nos miran al
  público aprovechando algún roto.

El aire te refrescaba la cara expectante
y ese aroma de bambalinas que ya mostraba
–poco a poco y lentamente– cómo eran los decorados...

A qué vienen ahora a recordarme
que al final, cuando por cursos
se entregaban los diplomas a los más estudiosos,
nunca obtuve uno.

(Con lo que hubiera dado por hacerme un hueco en
  las noticias
tras haber sacado un arma y matar a la mitad del
  pueblo).

TE VOY A CONTAR MADRID

I

Por ejemplo, que la surcan pasillos a obscuros trenes
  azules
y que viajamos más que en otra parte
aunque no sepamos dónde vamos.

Que nos tragamos –sin percibirlo– un hongo gris de
  humo negro.
Y todo son cabezas, innumerables seres que pasan sin
  rozarse,
aprendido cuál es el mínimo espacio que nos
  corresponde
y que hay que respetar, como otra ley.

Ahora que el buen tiempo se avecina
las mujeres se ciñen trapos sobre el cuerpo
y los chavales se dibujan pelos por las piernas.

Tú ya sabes que esta ciudad no pregunta procedencia
y enseguida te muestra los brazos abiertos para
  cobijarte:
si tienes en regla los papeles tienes los permisos.

Con esto te cuento que no me acostumbro a no
  estrecharte por la noche
y que, cuando voy de espectador al cine,
ganas me dan –aprovechando la oscuridad– de
  estrechar la mano
al primer extraño para suplir tu ausencia.

II

Donde acaban las calles
y tu vista acaba,

¡TODAS LAS TARDES!,

el mismo rey ordena
a todos los ejércitos,
quemar trastos viejos, usadas ropas;
que expriman el jugo a mandarinas,
pomelos, limones, limas y naranjas ácidas

para que la ciudad parezca
que se quema en cada atardecer,
quedando así purificada por el fuego
hasta que otro día se repita la liturgia,
EL MISMO INFIERNO
donde se salpican lenguas de fuego
sin ser Pentecostés.

Donde acaban las calles
otras tardes se encienden todos los focos,
las lámparas de aceite, se esparcen luciérnagas
y la luz inunda la ciudad como un maremoto
que llega a todos los rincones,
colapsando el tráfico ...

Esta ciudad, por ejemplo, no pregunta orígenes,
subo a un atardecer crepitante
tras las ventanas de esta carroza comunal de asalariados
donde te dan a beber con la vista el horizonte rojo
y las azoteas brillantes de los pisos más altos,
(que en tu vida habías alcanzado a descubrir
en que te observan sin tú haberte dado cuenta).

Ciegos y paralizados –hasta que el ocaso es tiniebla–,
en la espera de que no nos confundan con vampiros,
allá donde acaban las calles
y tu vista acabe
por ese día
–uno menos–,
para acabar seguro.

III

Tras las ventanas de doble cristal amortiguando ruidos,
arropado con edredón de plumas que calienta mis
	sueños,
oigo en la lejanía cómo se insultan en la calle
y corren en tropel –perseguidos por la policía– los
	traficantes de drogas
que silenciosos se esconden en los portales para fumar
	heroína
ante el paso de una puta o viendo cómo mean los
	que salen de una orgía,
y me hago el ausente, el que no se percata,
mientras leo revistas frívolas a todo color
de sentimientos vanos, vidas vendidas, casas de
	ensueño,
grandes joyas, y yo todavía soñando
en ir a tres pasos de un rey y ser su sombra,
y estar presente en todos los acontecimientos
y no decir nada –sonreír acaso–, como los que saludan
desde los coches oficiales.

IV

Lo que le sobra a Madrid son cabezas (y coches).
Sí las hay de todos los gustos y todos los tamaños,

de todos los colores y de todas las razas.
Madrid es una madre que prepara merienda
hasta acabar presupuesto.

Te cobija sin preguntarte nada.
He visto bendecir –dibujando la cruz
sobre la imagen de la frente a mil kilómetros de
  distancia–
a toda una familia y rezar y llorar
como una buena madre llora.

Sé del frío que da la lejanía y la falta de un arrullo,
de un cándido abrazo que te arropa en las tardes de
  lluvia
y de nostalgia.

Cuando las puertas del mundo se intenta que estén
  abiertas
no hay pretexto para poner una mesa en cada puerta
y ofrecer un café con algo de comida,
como recibieron los alemanes a sus compatriotas
los meses después de caer el Muro de Berlín.

V

Me paso la vida protegiéndome.
Me paso la vida suplicando que me quieran.
Me paso la vida de espaldas a la calle.
De espaldas a la vida.
Intentando que la vida no transcurra vacua.
Prefiero dormir con dosel y en sabanas de hilo.
Protegido y maquillado para no censar arrugas.
Caliente y limpio me paso la vida.
Me paso la vida zozobrando de múltiples derrotas.

Creyendo en mis amigos.
Intentando querer a mi familia.

Ahora que estoy en el ecuador de mi vida,
el resto va a ser la caída del vagón de la montaña rusa
y mi pregunta es si sabré llegar hasta el final,
sí me apetece…

(A veces os confieso me ronda la cabeza tirarme del
    vagón con el tren en marcha).

VI

LA ESQUINA DE TELEFÓNICA EN LA GRAN VÍA

A mi amigo Pedro Cristóbal siempre en mi memoria.

Se ve que lo respiran, lo huelen… sienten el silencio
(sin avisarnos los animales huyen de cualquier
    cataclismo),
lo cierto es que he subido la mirada anhelante hacia
    el cielo
y he visto triangular la formación de manadas de
    pájaros casándose
o que emigran como lo has hecho tú,
dejándome en la Gran Vía, paralizado, el luminoso de
    tónica Schweppes
que ya no repite el ir descendiendo y ascendiendo las
    barras de colores.

Fíjate, nada ha cambiado desde que te has marchado
–quizás se anuncie un nuevo producto, otro móvil más
    en el mercado–
(habrá tiendas que cambien su comercio),

pero estas luces dibujan unos perfiles cerca del
espectro.

Es famosa esta esquina para quedar, aprovechando el
vómito de gente
que sale y entra al metro, y va, y viene, frenética
porque en la gran ciudad enfermas si te quedas
parado, inerme,
gentes como estatuas quedan paralizadas a la espera
de que lleguen a la hora precisa o en retardo...

Pero lo extraordinario de esta esquina –aparte del
fogonazo de luz–
es que cuando la mirada te vislumbra entre el resto
de desconocidas cabezas
la sonrisa salta de gozo
y no hay semáforos ni luces refractarias –de tantos
coches en caravana–
que alumbren más que esa felicidad de cuando el
amigo llega...
Las estatuas ahora se abrochan las bocas con el
estomago
lleno de oxígeno para no morir ahogados.

Cuando se hace el beso
se ralentiza el instante, la gente camina a cámara lenta,
parsimonioso el tráfico, cadente la tarde ya casi noche...

A la mayoría se les ve tan contentos como los pájaros
cuando deja de llover
Pero también hay despedidas y el nublo se gesta
sobre ellos
movidos a merced del huracán que traspasa veloz
debajo de los pies.

La tarde es noche roja como los labios solos,
como los mudos que no pueden decir
"yo soy lo que digas, yo miro por tus ojos"
quedando huérfanos los hombros del abrazo que te
    acuna con la vida,
de la caricia que te envuelve, con la sonrisa que te
    hermana.

En esta esquina roban, muerden, ligan,
venden los chinos comidas calientes sin tener fuego,
se respira una libertad que en otros sitios sería un
    escándalo
ya no porque la gente pasee de la mano,
que se bese gente de la misma condición
y a las putas no se les pregunta qué llevan debajo de
    las faldas...
todo está permitido en este reducto de acera
porque no se puede dar la espalda a la vida,
y a todos los que en ella contamos a pesar de las
    constantes bajas
llegan refuerzos constantes... siempre ha de haber un
    centinela
para que la libertad no sea solo un préstamo o una
    palabra de simple campaña.

VII

PROCESIÓN DEL SILENCIO EN CUARTOS OSCUROS

Lléguense los desterrados a las puertas de la catedral
mientras el resto pernocta en sueños.

Donde perder identidad es ganar oscuro.

Ocupen los penitentes su lugar en silencio,
sin atisbar miradas para que empiece la carrera de
  galgos:
cuadra de corceles jóvenes de torsos expandidos a la
  vista
y a la venta
de crines limpiando la bruma del polvo
que se levanta al alzar, los cuerpos
en la invitación que más tarde se saborea por momentos.

Y probar de este plato y de este otro
los cirios encendidos, las túnicas hedientas
y el aliento pastoso,
un sudor castigo
un suelo pegajoso donde se flagela
con la rapidez de una grupa que cabalga el local
dejando en las fauces del ganador
la representatividad de la manada
y el gusto de saberse triunfador por ese instante.

Para esto pasen sin carne y respeten ciertas reglas:
estiren los hombros, péinense según dicte.
Y camine como ningún forajido pasea ya por el
  desierto.

¡No mire atrás, no mire o puede congelarse
junto a algún caballo que pierde sus respectos!

NAVIDADES EN TÁNGER

A Chus y Juanjo por dejarno
su casa y la nevera llena.

I

Repartidos
al azar
sobre la orilla
iridiscentes espejos
duplicando la gama de este atardecer
donde es testigo Venus
de que nuestras pisadas
serán borradas por el viento
no quedando nada de nosotros
en este paisaje impreso
que hoy nos acaricia.

II

Se debería arrancar
los ojos a los muertos
para que contaran en imágenes
la película de este viaje.

La lengua que relatara los miedos acaecidos en la noche.
Las manos que palparan aquel cuerpo frío al instante
o aquellos cuerpos…
Los pies que anduvieron un peregrinar de errores y
certezas.

Estaréis de acuerdo que se debería arrancar el alma
y sospesarla, escudriñarla, observarla al trasluz
que confesara que utilidad le fue dada sin remedio.

Barajan
miles de exóticos perfumes, la quietud
la parsimonia que mantenga la desvalida conciencia
del día tras día, remontando la vida para no avanzar,
no pensar ,predispuestos para quitar y poner el puesto
  del mercado
proteger las frutas, las almendras, los miles de aceitunas
del color de tus ojos que no asumen
la herencia injusta con la que nos bautizan sin querer.

III

En cada rincón un aroma, en cada esquina una tienda,
en cada ventana unos ojos velados observándote;
terrazas atestadas de hombres que ven la vida pasar
delante de un te dulce cómo se ahoga el sol en el mar
o en las curvas de una sola mujer
que viste occidental y va desnuda por la calle.
El tiempo se ha paralizado y su aroma es una mezcla
  agridulce
de los pueblos sumidos en el fango.

IV

Los crótalos de hierro atruenan,
la danza aduce,
los dulces empalagan,
el canto del muecín a media madrugada
nos arrebuja en sueños.
La noche es silenciosa. Paraliza.

Cuando se camina de la mano del sol
y en las alcantarillas están de juerga cocodrilos mudos,
me pido un batido de frutas multicolor
y veo desde lejos Algeciras.

V

La noche partida en trozos

me desvela que el silencio no existe.

Solo lo consigue la muerte cuando obliga

a ser polvo lo que luego es recuerdo.

Noche violada por sirenas de coches, barcos,

ambulancias, policía. Camiones que despegan

por carreteras comarcales en la hora que a los animales

solo se les distingue la dentadura y los ojos blancos

dispuestos a sobrevivir a la penumbra.

El silencio, creerme, que no existe, roto por la
  respiración
por el polvo que pende, por la madera que cruje,

por las paredes con grietas...

¡Estar alerta!, nos puede atacar el mismo acecho:

tan solo una sombra de nosotros mismos

que nos empuja hacia atrás.

...Ya todo es abismo.

VI

"Ay, el tiempo,

        religioso ladrón

        que vuelve rápido y puntual cada tarde

        echando cerrojos y planchando el
          manto de lo

oscuro,

        telón que cae sin percatarnos.

        Viene a llevarse un poco de salud, enseres

        y viandas que perfuman cartas

        sobre la piel perfumadas al raso...

        Quiere cambiarme el pelo de color y
          a surcarme

de rayas

        las facciones, cada vez más secas.

        Lo peor es que le abro la puerta sin
          negarme:

        tiene su propia llave,

        cuando no estoy, aguarda,

        y lo más vil es que espera sin cansarse".

VII

Cuando se nos enfría el traje de sudor

ya no somos los mismos...

Es octubre y te pido me acompañes

con la gracia envolvente de tu cobijo amigo,

ahora que sentimos la brisa y el calor del sol junto a
nosotros.

Fuego que nos mantiene vivos, signo de que no
estamos solos,

en este infinito inexplicable, parecido a tus hombros
salpicados de constelaciones

donde no somos más que briznas, ingenuas bocas
sedientas, de aire,

de palabras, veladuras de caricias tatuadas en la piel
sedimentadas en ámbar...

(Hoy, que es octubre. el tiempo nos cala de fe,

descansemos con la tranquilidad de sabernos en
distinta derrota

y andando por caminos separados, lejanos...).

VIII

En la hora que se enzarzan los perros en largas
conversaciones

las campanas son un mero recortable

y a los viandantes se les roba su rastro de sombra.

Ha desaparecido de la ciudad el canto de los pájaros,

tan solo los camiones rozan tangenciales los suburbios,

dejando en los labios de los que se aman el misterio
del viaje

y el asombro de las caricias, telarañas

del mismo pelo con que se cubren las hojas de árboles
tropicales.

Duerme ahora, descansa,

las gatas maúllan en celo y un leve viento mece el
tesoro

escondido entre las faldas de las pámpanas,

vestidas de fiesta ya para septiembre.

TORMENTA CIUDAD DE MÉXICO

A los que me abrazaron.

Cada tarde, en verano.

Llueve torrencialmente en distrito federal de la ciudad
de México.
Y lo hace por barrios ante la magnitud de la orbe
descontrolada
que vive sobre manglares y lagos, de ahí que cuando la
tierra se sacude
las piernas de las bailarinas se rompen en pedazos.

La luz transita de la tarde a la noche cansina y mortecina
obligando a encender los faros, ventanas de habitaciones
que son nichos
donde me encuentro acompañado tan solo de los
muertos
que me acompañan en el viaje.

O son ángeles ¿o son dioses? ¿Quién habéis venido,
quién sois?
Explicarme qué hago ahogándome en mi propio vómito
de soledad infinita…
¿Quién me alerta de los peligros, quién me protege?…
¿sois mis amigos muertos?
¿Sois mis abuelos? ¿Mis tíos?. ¿o sois ángeles que venís
a velar mi sombra?
Mi achacosa sombra, mi leve sombra…, que no soporto
su presencia.

Llueve torrencialmente en df.

Y escucho a los demonios desdentados
romper vasijas llenas de agua para regar los campos, para
  inundar las calles
para mojar a los veinte y siete millones de almas
que caminan en caravana lenta en un atasco de calles
  anegadas
y alcantarillas pobladas de indígenas apiñados,
que vuelven a sus casas en transporte público
dormidos del cansancio acumulado del trabajo.

¿A qué viene explotar cohetes intentando ahuyentar este
  aguacero
despertando a los niños hambrientos
y descalzos que piden limosna en el arcén del metro
  que podían ser tus hijos?

O a las familias apiñadas en un portal que sacan algo
  de comer
a las puertas de sus casas para vender y así poder subsistir.

Esto se repite cada tarde.

Llueve la vida que cabrona moldea los cráneos de
  azúcar
acompañada por la música mil veces repetida de un
  organillo
que te desasiste y te sumerge en la luz cérea, melancólica…

Pronto al caer la tarde las avenidas superpobladas
  quedan en estado de sitio
y son los autobuses, el metro, los innumerables atascos
quien los habita inyectándose una buena dosis de
  paciencia.
Porque al estar altos del mar falta oxígeno y no hay
  farolas en las calles.

Y en muchas casas ni luz eléctrica quedando sin
    esperanza,
desdichados y la vigilia nos transporta a otro día
dispuestos a abarrotar las calles por millones de almas
    francas
y otros que viajan en helicóptero o rodeado de
    guardaespaldas
para no oler ni sentir todo lo que hiede y molesta.

Entonces se rodearán de metralletas en su búnker y
    llegarán mariachis a acunarlos.
Y lloverá en los tanatorios sobre las lágrimas de las
    familias de los periodistas muertos,
sobre las madres de las mujeres asesinadas, de los
    soldados desaparecidos
y de la ultima balacera que ha dejado el contorno de
    sangre manchada de cocaína...

....

Me pregunto quién me abraza como lo hacen las
    parejas los domingos
los veo derramarse besos en los bancos de los parques
mientras un grupo de mariachis atienden a sus
    canciones.
¿Quién me habla? No quiero que sean ex presidiarios
    putos a lo que deba comprar
y disfrutar en un hotel de sabanas obscuras y olor a
    cine porno.

¿Qué hago aquí si no tengo nada que demostrar a
    nadie?...
¿Qué hago aquí?

Y miro al pasar todos los aviones
y me pregunto con verdadero deseo cuál va ser el mío.

SOBRE MANILA...

A Nuria Moraga, que me escucha.

Cuando se ha gastado el benzol en las botellas que
  dormían enterradas en la playa

AMANECE FILIPINAS
MAQUILLADA DE MUJER
QUE NUNCA DUERME.

En la aurora los gallos de pelea telegrafían
–entre miles de islas– que llega un nuevo día:
Así se despabilan los peces de colores,
y la sombra de los barcos en un agua
que escoge ser limpia y transparente,...cristalina.

EN LA CIUDAD SE RESPIRA HOLLÍN.

Revolotea un aire húmedo
y sediento que esquiva un tráfico caótico
que no cejó en toda la noche y que durará hasta el
  último día de los vivos...
Rodando a veinte por hora el tráfico es un caos absoluto.

El hambre, que es un gigante sin sombra, se palía
  comiendo arroz,
por eso un niño mama de las ubres de su madre, secas,
tirados en mitad de la calle, que es donde han vivido
  siempre
digiriendo polvo, la humedad y la poca ventura
de no poder cambiar las ilusiones a los días
en los que un dios ha prometido dicha eterna...

Al conocer esto, impotentes, los mismos gallos se
  comen sus crestas
y se afilan los picos para la próxima batida.

Nada de esto incumbe a estas tres familias
que han desayunado a la sombra de las palmeras
–hablando en lengua extraña que no entiende el
  servicio...–
así, los Zóbel, los Ayala y los Rojas dicen ser insomnes,
por la mala conciencia de tenerlo todo y repartirse
  el resto,
los Rojas, los Ayala y los Zóbel quedan más tarde para
  tomar el té,
los Ayala, los Rojas y los Zóbel se vestirán de largo
para emparentar entre sí y empezar otra vez el juego
  de vencedores
y amos de este mundo repartido solo entre ellos.

FILIPINAS ENTONCES SE TRAVESTIZA

EN JOVEN OFERENTE DE TERSA PIEL.

Y el atardecer se inventa y da paso al crepúsculo
donde no faltan velas ante toda clase de imágenes.
Y la soledad –lo mismo que lo oscuro– se desviste,
y si no tienes un tú para contárselo
se busca y se paga barata compañía.

Vienen en manadas desde todas las partes del mundo
  la morralla más vergonzosa:
monstruos que recorren las playas con la mirada
  hedienta
y la boca de babas malolientes.
Pasean los pederastas desecho del mundo
atándose a la cintura joven y apolínea

que por necesidad de comer y vivir dibuja abrazos
   falsos.

POR NO TENER SOL QUE LA DESPIERTE,

ANOCHECE PRONTO EN FILIPINAS,

MUY PRONTO.

El calor sofoca. Los ventiladores ruedan lentos,
           el aire húmedo es una arcada del mar
              putrefacto.
           Viento denso, azucarado que expele
              cada esquina.

POR LA PIEL DE FILIPINAS

SE SUCEDEN LAS CARICIAS

AL RESBALAR LO MISMO LA LLUVIA QUE EL SUDOR.

Y tú, pobre campesino, que en domingo extiendes el
   trigo al sol
(para secarlo al borde del camino).

Mujer, que levantas la vista para perderla en el
   horizonte cuando se presenta la noche,
¿qué piensas al ver tanta juventud,
a ti que la vida no te depara moverte de Ilocos, de la
   Unión,
de Tarlac, de Batangas, de Cagayan, de Palawan...?...
   ¿qué piensas?

· ·

Hoy es domingo, día de oración —ellos saben que os
    mienten—,
las plazas se llenan de gente cuya única distracción es
    ver
cómo se pierde el rastro de los coches.
Hay que dejar la vida pasar y buscarse un misterio,
una partitura para que nos despierten otro día más los
    gallos
y entonen el sol de reírnos juntos,
al quedar absortos ante la naturaleza que se extiende
como una bendición donde por suerte cabemos todos.

Y QUEDA FILIPINAS ADORMECIDA

SOBRE UN TERCIOPELO DE FRUTAS DEL VERANO,

SOMBRAS DE PALMERAS,

SIESTA DE FELINOS.

TRAGOS DE SAL EN L'ESCALA

A Marivi Bolós.

I

Un paso más de estas ventanas y caigo al vacío más
   inmenso.
Sobrecoge y estremece el frío del mar y este negro:
el inexistente horizonte unido al cielo tan diáfano.
Si encendiera las luces del salón faro sería.
Y los aviones cosiéndose al cielo
de brisa fresca que estampa en la cara.
Ante el agua calma de un mar
donde haces pie fácilmente y nada asusta.

Tú y el mar,
el mar y tú,
descansando sobre el vientre.
La piel que te roza el sol más negro de cuando la soledad
y los cuerpos esbeltos se pasean de la mano por la orilla.

AZUL INTENSO

que me apremia a continuar en este baile
donde los jóvenes juegan en la playa al atardecer
con flotadores gigantes
y caminan por la orilla erectos y desafiantes
derrochando juventud.
estrella de una constelación cerca.

II

El cielo escupe la claridad argenta
reflejo del cielo que hoy se olvida.
Llegan a mis pies hundidos en tropel
manadas de disfrazados caballos en retirada.
En la orilla se encrespan boas de plumas
milagrosamente secas.
Espuma que se esfuma entre los dedos,
días, derritiéndose al sol a la velocidad de vértigo
con la que desaparecen las hojas de los calendarios...

III

He descubierto que el mar es una máquina de agua,
una fuente constante y repetida, una noria que muele
hasta hacer encaje, algara transparente. Nada.
Pero soy expulsado de un paraíso que no entiendo
útero de madre que amamanta y estrecha
en un movimiento que te arrulla donde oscilan caricias
y sintonías varias carentes de libertad mirándose en la
 luna
que te hace presa.

IV

¿He llegado tarde para este desfile de cuerpos desnudos
y tostados que aparecen tras las dunas?
¿Merezco pisar las alfombras que aparecen tras las
 lluvias?
Si te sinceras tu aliento olerá al mío,
al viejo que se cierne lentamente y en avance,
el que teme ser descubierto cogido de la mano
por el paseo de pinos que se abrazan

—donde dices se aman las parejas por la noche—,
brazos encrespados que aletean sus manos,
bailan, se retuercen, altos muy altos...

¡Paralizados, movidos por una tramontana que destapa
   un tarro de nieve
y la difumina en la cara ciega por un fuerte viento
   montañés!

V

(Tú) me regalas este terciopelo de
espalda que calienta
para que la noche sea cobijo y beso,
como a esas piedras que dan suerte
o pies de estatua que se adora.
Descansa ahora de espaldas al
mundo, cuido y rezo
por tu respiración ondulante,
dando gracias por sentir la vida
en tanto y en tan poco.

Es pulpa de naranjas amargas la franja del cielo
que amaneciendo viste de novia el extenso horizonte.
La música es el estruendo de un corazón gigante
que se introduce en tus huesos como el nuevo día que
   ya calienta
despertando a los pájaros con gafas de sol,
para mitigar los reflejos de los cañones de luz,
y el de las bolas de cristales de las discotecas
donde frenéticamente —copa en mano
y una raya blanca de veneno en la otra— se danza
en la catarsis del instante nunca olvidado.
Se seguirá el rastro de la música y el de los lugares que
   cierren tarde

para seguir festejando juventud que no para de gastarse.

(Un brillo en los ojos y una tersura de piel que venero y
   adoro
y que he escogido como edad para engañar mi cabeza
   cana,
a pesar de que los espejos me lo recuerden de súbito).

DE CADIZ ME ENSEÑÓ
(Jurado de Festival de Cine Alcances)

A Lita Mora, Eduardo Rodríguez y Pepe.

(Aprendí)… Que siempre actuamos en pasado.
Que este segundo es ayer;
que en el desierto de Atacama no hay humedad,
por eso es marrón cuando se divisa desde el firmamento;
que hay madres que buscan trozos de hueso de sus
    familiares
vociferando desesperadamente que solo admiten
    cadáveres enteros;
que las estrellas deben morir para que se renueve el
    cielo
y cuando muelen nuestros huesos contienen partículas
    de estrellas
para renovarnos en una rueda continua de vida y
    esperanza.
Que quien no tiene pasado no vive en ninguna parte;
que la piedra ostionera no tiene calidad, así que
    cualquier terremoto
o inundación daña la catedral que descansa apuntalada
    debajo de las aguas;
que al despedirse del puerto los marineros echaban
    exvotos para el buen viaje
y que hay torres vigía y una encerrada que se llama
    la "bella escondida",
y salazones romanos y teatros que ocupan enterrados la
    mitad de la ciudad.

CONCLUSIÓN

Mi madre en el salón, técnica mixta/papel, 59x45 cm, 2023.

A mi madre.

A Lip Lipton.

I

Más tarde
se cerrarán los restos, la cancela
y reinara siempre el silencio:
paz cadente,
última luz de la tarde
tangente a la piedra
y al mármol (que lo hace brillar).

Esta despedida te segará el cuello
con una soga de seda que te impide respirar,
desgarrándote en dos mitades un grito sordo
atravesándote el pecho que se ahoga...

¿Qué frío puede hacer para este cuerpo
que nos acompañó en nuestra vida,
solo en mitad de la noche?
¿Quién mima este envoltorio frágil
de quien nos habló caricias, dibujó abrazos?
¿Dónde está su perfume que reconocemos como
    nuestro?

Explicarme el final de este postrero viaje
cuando se borra el brillo de los ojos
y en las cuencas vacías anidan golondrinas.
¿Qué hemos venido a guardar...
si solo sirve el polvo cargado de nostalgia.
ablentado por recuerdos y oraciones,

porque el resto es herrumbre donde tan solo se
    salvan

los metales, el calzado... el resto es nada,
nada es nada, solo polvo,
olvido al fin cuando te dan la llave de este cofre.
Y la confirmación de que somos de una realidad
   pobre,
un desierto descubierto, un paréntesis, sombras de

   una duda.

II

"Supongamos, pues, que también estamos cansados de
mirar hacia dentro,
Que queremos estar junto a nuestra madre un ratito
que un poquito de amor sería suficiente para dejar de
llorar todos los recuerdos.
Supongamos, es solo un suponer, que hemos sido felices
alguna vez,
que no llueve esta tarde, que estamos cansados de morir,
que aquí no ha pasado nada...".
DIONISIO CAÑAS, "Un esqueleto escribe sus memorias".

"Lo peor es la vejez" –me repetían–
(y sospecho que lo peor aún está por llegar...),
así que no me importaría volver a cometer los mismos
errores:
ser ese estúpido enamoradizo lleno de rencor,
que ni por asomo se descuelga de sus veinte años.

El que con dificultad comprende que la vida es la
patria más grande,
y que el hecho de extender los brazos y respirar
te hace cómplice de un dios que te susurra un mantra,
conduciendo hacia tu luz, la luz para el abrazo,
imantados para un garrote vil besándote.

III

Espero que me recibáis extendidos los brazos
INVITÁNDOME a acostarme de día, cerrado el gran
   baile,
para perdernos por los bares abiertos
y por las camas mullidas que exhalan deseo y juventud.

Quiero despedirme viendo vuestra risa que truena en
   el paisaje,
llevándome a la nada el recuerdo de haber estado
   —entre vosotros—,
observando —sin faltar detalle— cómo se cimbrean los
   cuerpos,
cómo crece la barba, los músculos, tu entrepierna...

Sonreiré si alguien me regala una flor o algo de la
   tómbola.
(el vello de mis brazos denota el gusto por una canción
o que estés más pendiente de mí que de tu novia).

Paralízame con tu mirada, que caiga rendido a la
   tormenta de tus ojos en calma:
azul cielo extenso recordándome que aún vivo
y que estoy dispuesto a entrelazarte serpientes,
dispuesto a tatuarte mi nombre este día,
este aroma
que nos brinda hoy el universo
y las bocas al unísono de todos los dioses.

Índice

CIUDADES QUE SELLAN SU AROMA EN LA ESPALDA

CONCLUSIÓN

(Los poemas señalados con un asterisco (*) fueron premiados con el 2º premio en el XXII Concurso Internacional de Poesía Jaime Gil de Biedma, con el título genérico de "Crónica de una despedida», en Nava de la Asunción (Segovia), 2025).

El presente libro aparece
con el número 117 de la
Colección Literaria *Ojo
de Pez*, creada en 1988
por José Luis Loarce. Esta
primera edición consta de
mil ejemplares. Pertenece
a la Biblioteca de Autores
Manchegos de la Diputa-
ción de Ciudad Real.